ORAISON FVNEBRE DV ROY LOVIS XIII.

SVRNOMMÉ LE IVSTE,

PRONONCÉE EN L'EGLISE de S. Denis le xxijᵉ iour de Iuin 1643 au Seruice solennel de ses Obseques.

Par Messire IEAN DE LINGENDES, Conseiller du Roy en ses Conseils, Euesque de Sarlat & Predicateur ordinaire de sa Majesté.

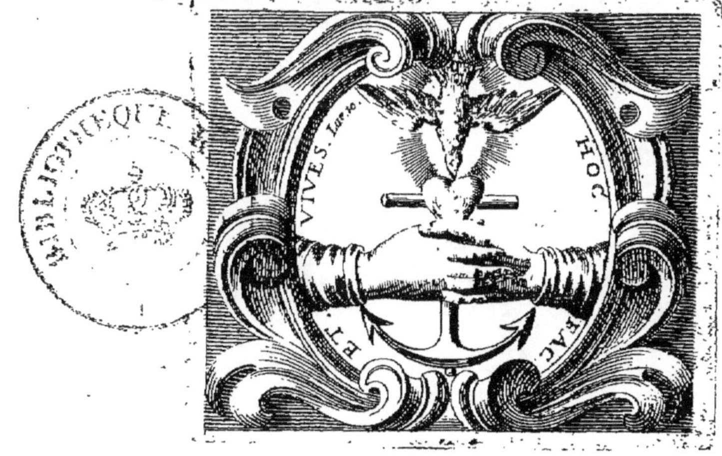

A PARIS,

Chez CHARLES SAVREVX, sur la Terre Cambray, vis à vis le College des trois Euesques.

M. DC. XLIII.

AVEC PRIVILEGE DV ROY.

LE LIBRAIRE
AV
LECTEVR.

ON CHER LECTEVR,

M'estant tombé entre les mains vne
copie de l'Oraison Funebre prononcée par
Monseigneur l'Euesque de Sarlat en l'Eglise de S.
Denis en France aux Obseques du feu Roy, je n'ay
pas estimé pouuoir, sans quelque sorte d'iniustice, en
frustrer le public. C'est ce qui m'a donné la hardiesse
de l'imprimer, contre l'intention de son Autheur,
m'asseurant que i'auray ton approbation & ta def-
fense contre ses plaintes. Ie n'ay pû éuiter quelques
fautes dans l'impression, que tu excuseras. Que si
tu trouues quelques endroits où il manque quelque
chose de la netteté de son stile, & de la force de ses
pensées; tu t'en prendras à la copie qui n'estoit pas
correcte, & à laquelle en diuers lieux il m'a fallu
suppléer. Telle qu'elle est neantmoins, elle pourra je
croy te satisfaire autant que pas vne de celles qui
ont esté mises au jour jusques icy.

Extraict du Priuilege du Roy.

PAr Grace & Priuilege du Roy, il est permis à CHARLES SAVREVX, Marchand Libraire & Relieur, d'imprimer ou faire imprimer, vendre & debiter, vn Liure intitulé *Oraison Funebre du Roy Loüis XIII. surnommé le Iuste, Prononcée par Messire* IEAN DE LINGENDES, *Conseiller du Roy en ses Conseils, Euesque de Sarlat, & Predicateur ordinaire de sa Majesté.* Et ce pendant le temps & espace de neuf ans. Et deffenses sont faites à tous Libraires, Imprimeurs, & autres personnes de quelques conditions qu'elles soient, d'imprimer ny faire imprimer, vendre ny debiter ladite Oraison, sous quelque pretexte que ce soit, à peine de confiscation des Exemplaires contrefaits, & de l'amende portée par ledit Priuilege. Donné à Paris le 15. iour d'Octobre 1643. Signé, Par le Roy en son Conseil.

MILET.

Acheué d'imprimer pour la premiere fois, le 27. iour d'Octobre 1643.

Les Exemplaires ont esté fournis.

ORAISON FVNEBRE
DE
LOVIS XIII.
SVRNOMMÉ
LE IVSTE.

In vitâ suâ fecit monstra, & in morte mirabilia
operatus est. Ecclef. 48.

SI toute la France soûpirante & af-
fligée pendant la maladie du Roy,
auoit pû communiquer à nos prie-
res autant de vertu & de puissan-
ce pour flêchir la colere de Dieu, qu'il s'est
trouué en nos pechez de malignité & de violence pour attirer les chastimens de sa fureur : vne perte si affligeante comme celle

que nous pleurons, ne seroit pas cette iour-
née le sujet lamentable de noftre deüil ; les
eauës ameres d'vne tribulation auſſi profonde & auſſi vaſte comme la mer, n'auroient
pas penetré, comme elles ont penetré preſentement iuſques à noſtre ame.

LOVIS ce grand Roy, mais noſtre Roy,
mais vn des Rois plus craignant Dieu, &
plus aymé de Dieu, qui aye iamais porté le
Sceptre, ſeroit encore viuant & agiſſant dedans la pleine vigueur de ſes années, ſa vigilance aſſureroit encore noſtre repos, ſa generoſité & ſa valeur nous deliureroit de toute crainte, & les acclamations ſi ordinaires
dedans les Temples pendant ſa vie, pour teſmoigner la ioye publique de ſes triomphes,
n'auroient pas eſté ſi promptement ny ſi de-
plorablement changées, en ces lamentations
triſtes & funebres pour pleindre la rigueur
de ſon treſpas.

Mais enfin, mais enfin, la corruption de
nos mœurs a preualu ſur les miſericordes de
noſtre Dieu, nos malices ont forcé & laſſé
toutes les reſiſtances de ſes bontez : Le Iuſte
a eſté emporté deuant la face de l'iniuſtice :
La Couronne de noſtre teſte eſt tombée de-

dans la poudre, & nos pechez l'ont abbatuë, & ces mefmes pechez ont renuerfé auec la perfonne de noftre Prince toute fa Majefté, & fes grandeurs, & noftre plus grande gloire dedans le tombeau.

Si les extrêmes afflictions fe font fentir & chargent l'Ame comme elles pefent, quelle defolation capable de nous preffer iufques à l'extremité de la douleur? & encore pour confoler cette douleur, que de foibleffes dedans toutes les confolations que la Sageffe humaine nous peut donner.

Souuenez-vous (dit cette vaine Sageffe; car·elle dit feulement & n'a rien que des paroles) fouuenez-vous & rappellez dans voftre efprit toutes les actions les plus illuftres, les plus remarquables, & les plus fignalées de ces Heros & de ces Princes que vous pleurez, & que cette memoire fi agreable de leur merite feiche vos larmes.

Ie ne dis pas feulement que cette confolation eft vaine, mais ie dis plus, que cette confolation eft affligeante, & qu'elle adjoufte à la douleur. Plus on nous découure & fait connoiftre les excellentes qualitez de ce qui nous a efté rauy, plus on conuainc noftre

esprit ; qu'il y a sujet de nous affliger incon-
solablement, & c'est toutesfois ce qu'on employe pour nous consoler, c'est que l'homme
n'est rien que vanité & que foiblesse : foible
dans l'impuissance de preuenir ou de destour-
ner ses malheurs : foible dans l'impatience de
les souffrir : foible dans la recherche & la pre-
paration des remedes pour les guerir. Nous
ne pouuons neantmoins rien dauantage ;
mais nous deuons aussi ce qui est dans l'estenduë de nostre pouuoir : Tellement que dans
cette occasion, voicy selon mes sentimens les
deuoirs qui nous obligent.

Nous arrester pour quelque temps dessus
le bord de ce tombeau, où nous sçauons que
nostre plus grande felicité est renfermée,
comme autrefois ce peuple captif & misera-
ble d'Israël, dessus les bords d'vn fleuue où il
n'ignoroit pas que sa liberté estoit enseuelie ;
& là ayant deuant les yeux l'objet si pressant
de nostre douleur, gemir, pleurer, nous plain-
dre, & dire dans l'amertume de nos pensées,
ce que ce peuple dit alors auec beaucoup de
sentiment, *Illic sedimus & fleuimus dum re-
cordaremur.* Nous nous sommes icy arrestez,
& nous auons pleuré amerement dedans la
souue-

souuenance de nostre gloire, autrefois esclatante auec tant de splendeur pendant les iours de la vie de nostre Prince, & à present esteinte & estouffée auec tant d'obscurité, dedans la nuit & les tenebres de son trespas.

Pour satisfaire à tous les deuoirs de cette religieuse ceremonie, c'est que ie vay tascher de rappeller dedans vos esprits toutes les plus belles actions de la vie de ce Prince que le Ciel nous a rauy, pour exciter par cette souuenance nostre douleur, & encore vous faire souuenir de ses belles actions, pour consoler par cette souuenance nostre douleur.

Sint hic etiam sua præmia laudi,
Sint lachrymæ rerum & mentem mortalia
tangant.

Que les choses loüables s'il est possible, ayent icy leur recompense ; Que celles qui seront dignes de larmes y soient pleurées, & que tous les esprits restent touchez du sort & de la vanité des choses humaines. Si le Ciel donne benediction à mes paroles, ce discours excitera ces sentimens.

Soit que l'on porte les yeux sur les commencemens & l'entrée, ou sur la continuation & le progrés, ou sur la fin & les derniers

temps du regne de LOVIS LE IVSTE;
foit qu'on fe l'imagine ou deliberant dans fes
Confeils, ou feant dedans fes Parlemens, ou
commandant dans fes armées, qui font toutes fonctions de Souuerain : foit qu'on fe reprefente fes deffeins, fes entreprifes, fes voya-
ges, fes trauaux, fes armées, fes guerres, fes
batailles, fes victoires, fes triomphes, fes plaifirs, fes diuertiffemens, fes ordinaires occu-
pations, ce qu'il a fait, ce qu'il a dit, ce qu'il
a commencé, ce qu'il a acheué, & generalement toutes les chofes propres à remplir
l'Hiftoire veritable & fidele de fa Vie ; c'eft
vne Hiftoire remplie d'euenemens & de fuccés fi merueilleux, fi prodigieux, fi efton-
nans, fi furprenans, fi dignes d'eftre confide-
rez & admirez, qu'on ne fçauroit imaginer
aucune loüange (pour haute & hardie qu'elle puiffe eftre) qui en furpaffe la dignité.

Dans le deffein de dire generalement toutes les chofes plus glorieufes pour la recommandation d'vn des plus grands hommes de
l'Vniuers. Ce fut vn homme, dit la parole
Saincte, qui acheua pendant fa Vie des chofes grandes iufqu'au prodige, & qui en fa
Mort en fit de merueilleufes au deffus de tou-

te admiration, *In vitâ suâ fecit monstra, & in morte mirabilia operatus est.* Le temps de la Vie, le temps de la Mort : hors ces deux circonstances de temps, vn homme n'agit plus & ne merite plus rien dans le monde : Et si en ces deux circonstances de temps toutes ses actions ont tousiours continué à l'esleuer à la grandeur ; il faut necessairement conclure, qu'alors qu'il abandonnera la terre, elles l'auront esleué iusques au comble & au dernier degré de la grandeur.

Vn Eloge si plein & si glorieux, & qui embrasse dans son estenduë tant de merueilles, ne comprend rien neantmoins, comme ie feray voir, au dessus de la grandeur de nostre Roy ; Et d'autant que ie parle icy en la presence des Autels trempez du sang de Iesus-Christ, & que ie remplis vne Chaire Chrestienne, & que ie louë vn Roy Chrestien, i'ay creu auoir obligation de ne faire choix que de loüanges Chrestiennes, estant certain que par cette consideration elles en seront d'autant plus nobles & esleuées, & accommodées à mon sujet.

Quand les Empereurs Chrestiens de Constantinople estoient sacrez & couronnez, le

Patriarche apres auoir fait l'Onction ſur leur teſte en forme de Croix, y mettoit la Couronne Imperiale, & alors ſeulement, & non pas auparauant, il s'eſcrioit, *Il en eſt digne*, & auſſi-toſt le peuple ſuiuoit & reſpondoit par trois fois, *Il en eſt digne*, *Il en eſt digne*, *Il en eſt digne*; Acclamation inſtructiue pour enſeigner que quand les Rois ont abaiſſé & plié la teſte ſous la Croix de Ieſus-Chriſt, c'eſt alors ſeulement, & non pas auparauant, que l'on les doit iuger & eſtimer dignes de loüanges, & iuſques-là tous les Eloges dont on les flatte, ne peuuent eſtre que vains & foibles.

Ce n'eſt pas que ie veüille dire, Meſſieurs, que ces premiers Eloges de la Nobleſſe, qui font les premiers ornemens de toutes ſortes de diſcours Panegyriques, ou ſoient, ou puiſſent eſtre des auantages à meſpriſer, puiſque ce ſont faueurs de Dieu, & qu'aucune faueur de Dieu ne doit eſtre meſpriſée. Mais à vray dire, perdre le temps & les paroles, & vouloir ſe mettre en peine de iuſtifier qu'vn Roy de France heritier par ſucceſſion de tant d'Ayeulx, d'vne Couronne & d'vn Royaume eſtably, & floriſſant depuis le cours de tant

de

de fiecles, aye eu l'auantage de la Nobleffe ;
Qui n'accufëroit ce trauail d'eftre auffi vain
& inutile, & auffi peu iudicieux, que celuy
de vouloir allumer des lampes dans la plus
haute clarté du iour, pour faire voir que le
Soleil ne manque pas ny de rayons ny de
lumiere.

Veu que d'ailleurs, fi nous lifons dans l'E-
uangile, qu'il y a des rencontres où le filence
des hommes peut eftre fupplée par la voix
des pierres que Dieu promet rendre parlantes & animées pour la publication de fes
merueilles ; Et fi cela femble eftre dit particulierement fur le fujet de la Nobleffe du Fils
de Dieu, au iour de fon entrée dans Hierufa-
lem en qualité de Roy, comme Fils defcen-
dant de la famille Royale de Dauid , de laquelle il affure que quand les hommes fe
voudroient taire les pierres en parleroient
auec clameur. Ne diroit-on pas de mefme,
Meffieurs, qu'en ce fujet que nous traittons,
quand nous voudrions ne dire mot de la generofité, ancienneté & pureté du fang Illuftre de la Maifon & Famille Royale de Bour-
bon, de laquelle ce Roy que nous auons perdu eftoit yffu, pour fuppléer à ce filence Dieu

a fait en ce lieu, & continuë encore à faire
tous les iours, depuis le cours de tant de fiecles ce grand & perpetuel miracle, d'autant
de pierres parlantes & animées, qu'il y en a
qui compofent ces Sepulchres fi anciens & fi
fuperbes, de tant de Princes & tant de Rois
de mefme Nom, de mefme Race & de mefme
Maifon.

Certainement fi felon les iuftes penfées
de Platon, la Nobleffe eft comme le trefor de
la plus vieille & la plus ancienne gloire que
la vertu ayant acquis dedans le monde pour
diftinguer les hommes extraordinaires de
ceux qui eftoient dans la foule & le com-
mun, afin que ce trefor fut conferué auec re-
fpect & fureté pour la reputation des defcen-
dans, elle le renferma dans le Sepulchre de
leurs Ayeulx, où chacun du depuis va chercher les titres plus certains & moins douteux
de la Nobleffe plus fignalée. Si cela eft, Meffieurs, qui n'a occafion de penfer que cette
gloire fi venerable & fi ancienne par la vieil-
leffe de fes années, apres auoir efté conferuée
en ce lieu pendant le cours de tant de fiecles, femble fortir prefentement du creux &
fonds de ces Tombeaux, pour reprefenter

aux yeux de tous, que la Nobleſſe des Rois de France n'en a point eu iuſques icy, & n'en aura iamais qui luy ſoit comparable dans le monde.

Mais enfin tous ces Eloges empruntez de la ſplendeur de l'extraction & du ſang, qui ſont illuſtres parmy les hommes, ne ſont pas ceux que nous cherchons, puis qu'il faut ſelon noſtre deſſein en trouuer qui ſoient Chreſtiens, c'eſt à dire eſtablis & appuyez ſur la vertu du ſang de Ieſus-Chriſt, par dependance duquel on peůt ſans doute repreſenter plus noblement, comme il y a des merueilles Chreſtiennes, qui ont eſté les incomparables ornemens de la Vie & de la Mort de LOVIS LE IVSTE.

I'appelle des merueilles Chreſtiennes, celles qui font que dans la condition Royale vn Roy aye corrigé tous les manquemens de la grandeur humaine, par les perfections eminentes de la grandeur Chreſtienne; Que cette loüange dit de grandeurs!

Si l'on conſidere les Rois dans la grandeur humaine; Ils ont premierement la ſuprême authorité qui les fait Superieurs & Souuerains. Ils ont en main en ſecond lieu, la puiſ-

fance des armes qui les rend terribles & re
doutables : Ils font enfin dans le pouuoir d
ioüir facilement de tous plaifirs qui les ren
heureux, felon l'opinion & le iugement d
monde. Mais apres tout, cette grandeur qu'il
ont des hommes & fur les hommes, ne le
efleue point au deffus de la terre, *Terram au
tem dedit filiis hominum :* & generalement tou
tes les chofes de la terre, & qui fe reffenten
de la terre, ont leurs imperfections & man
quemens.

On apprend de l'Aftrologie, que les Eftoi
les fixes qui font attachées au huictiefm
Ciel, que nous nommons le Firmament, n
s'efclipfent iamais : Mais pource que la Lun
fe trouue en vn Ciel plus bas, & qui n'ef
point fi efleué que l'ombre de la terre n'y
puiffe atteindre ; c'eft pourquoy elle fouffr
des defaillances en fa lumiere. Portez les cho
fes de ce bas monde auffi hautement qu
vous voudrez : fi la terre peut efleuer l'obfcu
rité de fon ombre : fi l'homme peut porte
fes imperfections & fes erreurs, iufques au
lieu où elles font, c'eft à dire, fi l'efprit qu
fouftient & regle le gouuernement & la con
duite, n'eft que l'efprit de l'homme, elles fe

ron

ront affurément fujetes & expofées à des defauts, parce que l'efprit de l'homme a des defauts ineuitables.

Et en effet, n'eft-il pas vray que dans la fuprême authorité les Rois fe peuuent rendre Tyrans? la puiffance des Armes qu'ils ont en main peut faire triompher la violence & l'iniuftice? le pouuoir de ioüir des plaifirs auec facilité, les peut corrompre par des paffions d'ignominie? Voila la grandeur humaine de tous les Rois bien defaillante, & defaillante iufqu'à ce que l'Efprit de la Croix aye changé l'efprit de la conduite qui eft l'efprit de l'homme, pour y fubftituër l'Efprit de Iefus-Chrift qui eft l'Efprit de Dieu : & alors ces imperfections fe trouuent corrigées dedans la Vie des Rois, & l'on peut dire d'vn Roy agiffant felon cét efprit qu'il a acheué pendant fa Vie, des chofes grandes iufques au prodige, *In vitâ fuâ fecit monftra,* ie n'exagere rien, & ne recherche point à donner poids à des fumées par la grauité des paroles : Telle a efté la vie de LOVIS LE IVSTE.

En ce poinct doncques font les premieres perfections & grandeurs de cette glorieufe & belle vie; qu'on y aye veu la Souueraineté

ſans le meſlange des defauts ſi ordinaires aux
Souuerains qui la portent aſſez ſouuent dans
le Trône, accompagnée d'illuſions & d'erreurs d'eſprit dedans la fauſſe idée qu'ils ſe
forment de cette ſuprême authorité, qui eſt
l'idole de leur grandeur.

Les vns ſe ſont imaginez qu'elle les ren-
doit maiſtres abſolument puiſſans ſur toutes
les creatures, & dans cette inſolente imagination, les Rois de Mexcico parmy les autres
ſermens qu'ils faiſoient au iour de leur eſta-
bliſſement dans le Trône, iuroient de maintenir le Soleil dedans ſon cours, & les riuie-
res dedans leur lict; de deſtourner les pluyes,
& les inondations, & les orages, & de rendre
les ſaiſons abondantes & temperées.

Les autres ſe ſont perſuadez de n'auoir au
deſſus d'eux aucune puiſſance ſuperieure qui
les pût deſobliger ou gratifier, & dans cette
orgueilleuſe perſuaſion Iſaac Comnene Empereur d'Orient, ayant fait effacer l'Image
de Ieſus-Chriſt que Iean Zimiſques ſon pre-
deceſſeur auoit fait grauer en ſa monnoye,
y fit repreſenter vne main armée tenant vne
eſpée nuë, auec ces paroles grauées au tour,
Mihi debeo, ie dois tout à moy-meſme.

Fili hominis vade, & dic Principi Tyri, Fils de l'homme (dit Dieu au Prophete Ezechiel) va-t'en trouuer le Roy de Tyr, & reproche luy de ma part l'insolence de ses pensées. *Eleuatum est cor tuum in decore tuo, & dedisti cor tuum quasi cor Dei,* Ton cœur s'est esleué en la beauté de ta grandeur, & tu t'és formé vn cœur comme le cœur de Dieu ; Toutes les erreurs qui corrompent en ce sujet les cœurs des Souuerains sont renfermées en ces paroles, Ils se forment vn cœur comme le cœur de Dieu, c'est à dire qu'ils iugent & croyent d'eux - mesmes, & en ont les mesmes sentimens, comme s'ils auoient les Perfections & l'Essence de la Diuinité ; s'estimans seuls suffisans à eux-mesmes comme Dieu ; & de là le mespris des Conseils, comme s'ils n'auoient besoin d'aucune lumiere pour se conduire, se croyans tout puissans & tout tenans d'eux-mesmes comme Dieu ; & de là l'ingratitude des bons succés, & la temerité dans les desseins & entreprises. Se persuadans de pouuoir tout, ils entreprennent temerairement tout, & quand ils reüssissent heureusement, ne croyans pas d'auoir esté aydez ny assistez d'aucun secours ; ils se croyent dispensez de

D ij

toute reconnoiſſance. Que de defauts &
d'imperfeſtions de la ſouueraine authorité
dedans l'eſprit des Souuerains ! Mais defauts
corrigez par la vertu de la Croix, & par la
vertu du Chriſtianiſme dedans la Vie de
LOVIS LE IVSTE.

Au lieu de cette eſleuation de cœur enflée
& inſolente, iuſqu'à croire de pouuoir abſolument toutes choſes, iamais Prince n'eut de
ſoy-meſme des ſentimens plus moderez. Au
lieu du meſpris des Conſeils par preſomption
d'auoir dans ſon eſprit tous les treſors de la
lumiere ; iamais Prince ne s'eſt moins appuyé
deſſus ſa propre intelligence, & n'a plus de-
feré à celle des Miniſtres qu'il a iugé fideles
& attachez à ſon ſeruice. Au lieu d'aucune
ſorte de temerité dedans les entrepriſes, les
grands deſſeins n'ont iamais eſté concertez
auec plus de deliberation & de ſecret, que de
ſon temps : Et quand ils ont eſté terminez par
de fauorables euenemens, au lieu de cét oubly ingrat qui ſacrifie la gloire qui eſt deuë
à Dieu, à la ſuperbe & à l'orgueil humain, on
a veu par tout des teſmoignages publics &
eſclatans d'vne parfaite reconnoiſſance. Les
autres Princes apres leurs victoires ayans fait
dreſſer

dreſſer des monumens à leur nom, les ont chargez de toutes les dépouïlles qu'ils auoient remporté de leurs Ennemis, pour publier que (ſelon leur ſentiment) tout eſtoit deu à leur valeur : Et au contraire, ce Prince dont nous parlons apres auoir vaincu, a fait apporter toutes les Enſeignes de ſes Triomphes au pied des Autels, & quand elles ont eſté releuées au pied des Autels, ç'a eſté ſelon ſes ordres pour eſtre eſpanduës dedans les Temples où elles ſont encore preſentement expoſées aux yeux de tous, comme des marques glorieuſes & immortelles qu'il a creu & eſtimé deuoir generalement toutes choſes à Dieu.

Son Eſprit ne fut donc point corrompu d'aucune imagination trop inſolente de ſon authorité ; que ſi l'ayant poſſedée auec des ſentimens ſi moderez dedans ſon Eſprit, Dieu a permis neantmoins que quelques moyens ſeueres & rigoureux ayent eſté employez pour la reſtablir ou la deffendre, ce ſont effets de ſa prouidence & de ſa iuſtice, deſquels il ſe faut ſouuenir à cauſe que l'oubly & le ſilence des choſes ſi publiques & ſi reconnuës, pourroit raiſonnablement eſtre ſuſpect, & ce reſſouuenir doit eſtre accompa-

gné de tant de respects sur les Iugemens
Dieu, qu'auant que d'en parler il est iuste
demander la balance & le poids du Sanctua
re, afin que nos paroles y soient pesées.

Pesant donc nos paroles en ces balance
nous pouuons dire à mon auis, que la mo
impréueuë d'HENRY LE GRAND
ayant laissé LOVIS LE IVSTE son su
cesseur dans vn bas âge, dedans le Trôn
pendant sa minorité beaucoup de troubl
s'esleuerent dans ce Royaume, comme quar
le Soleil n'est pas encore dedans sa forc
beaucoup de vapeurs s'esleuent en l'air. So
authorité donc en ses commencemens f
attaquée par diuers moyens ; mais elle
particulierement combattuë par l'insolen
d'vne faueur immoderée iusqu'à l'excés,
l'excés du mespris au preiudice du respe
qui estoit deu à sa condition & à sa perso
ne. Dieu qui veillez pour la conseruation d
Rois, que vostre Prouidence esclata en
temps par de terribles iugemens ! *Aurib.*
nostris audiuimus , & le temps qui ruïne
memoire de toutes choses, n'abolira iam
celle de ce remarquable euenement du 2
Avril de l'année 1617. où sur le pont du Lo

ure en suite du refus qu'on fit d'obeïr aux Ordres du Roy, le feu & le fer furent employez pour couper la racine d'vn mal si contagieux, que le salut de tout le Royaume en estoit menacé ; Vne punition aussi soudaine comme le foudre, tomba sur la teste d'vn seul pour la correction & pour l'exemple de plusieurs. Vn monstrueux Collosse de fortune fut renuersé pour n'auoir point mis de mesure à son esleuation. Le bruit de sa cheute appaisa soudainement tout autre bruit, & cette mesme cheute releua & restablit l'authorité qu'on auoit veu en peril d'estre accablée. Icy la veneration, les tremblemens & le silence dessus les Iugemens de Dieu : Icy la profondeur impenetrable du cœur des Rois respectée & reconnuë : & pource que leurs actions ne doiuent point estre ny trop curieusement examinées, ny temerairement iugées, pour toutes sortes de discours & iugemens sur cét euenement, la seule conclusion de ces paroles, *Et audiuit omnis populus iudicium quod iudicasset Rex, & timuerunt Regem.* Chacun oüit alors ce premier rugissement d'vn ieune Lyon qui se fit craindre, & chacun le craignit, & Dieu en suite ayant toûjours continué à benir ce ieune Roy, luy accorda pendant son Regne vne sorte de gloire qu'aucun de ses predecesseurs n'auoit possedée auant luy, *Et dedit illi Dominus gloriam regni, qualem nemo habuit ante illum Rex.* HENRY II. faisant part de l'authorité Royale à trop de personnes, l'auoit diminuée & affoiblie de mesme qu'vn fleuue se diminuë par le partage de plusieurs ruisseaux qui le diuisent. FRANCOIS II. la fit passer deuant ses yeux comme vn esclair, ou comme vne ombre, ou comme vn songe. CHARLES IX. donna beaucoup de batailles, mais vainement & inutilement pour l'obtenir. HENRY III. fut si infortuné & malheureux, qu'il n'en pût iamais ioüir. Elle ne vint que sur le tard à HENRY IV. & entre tous nos Rois Dieu ayant reserué à LOVIS LE IVSTE, cette singuliere faueur de la Royale authorité dedans sa plenitude, il la posseda & en ioüit dans le plus haut poinct d'esleuation où elle soit iamais montée apres l'auoir acquise, & maintenuë en toutes occasions genereusement & constamment, mais iustement, mais Chrestiennement : Ouy, mesme dans la confusion & le tumulte des

guerres,

guerres, pendant lefquelles il a vſé touſiours
ſi ſagement de la puiſſance des armes qu'il
eut en main, que c'eſt enquoy ie m'en vay rechercher les ſecondes merueilles Chreſtiennes de ſa vie.

Les Armées, les Batailles, les Victoires, &
generalement tout ce qui appartient à la
ſcience de la guerre, c'eſt ce qui peut com-
bler de plus de gloire les Rois du monde, à
cauſe que generalement en toutes ſortes de
conditions, la gloire eſtant la iuſte recom-
penſe de la vertu ; la plus grande gloire par
conſequent, que l'on pourra acquerir dans
quelque condition, ſera celle qui pourra plus
iuſtement recompenſer tous les trauaux de
la vertu plus propre à cette condition. Mais
la vertu plus propre à la condition des Rois
qui ſont nez pour la domination, eſt ſans con-
teſtation, la Vertu & la Vaillance Militaire, qui n'a ſon exercice que dans les Armes,
d'où vient que la declaration de l'authorité
de quelque Prince ſe faiſoit autrefois par eſleuation de leurs perſonnes ſur des Bouçliers,
pour enſeigner que c'eſt la puiſſance des Armes qui les eſleue deſſus le reſte des autres
hommes. La puiſſance donc des Armes eſt,

ce qui peut acquerir plus de gloire aux Rois du monde: Mais vrayement, ce qui les met en estat d'acquerir cette gloire si illustre des-sus la terre, les met en grand peril de perdre celle du Ciel, s'ils n'vsent pas Chrestienne-ment du glaiue de la Iustice que Dieu a de-posé entre leurs mains pour executer ses vo-lontez, & non pas pour satisfaire à leurs passions.

Quo iussa iouis, dit excellemment sur ce propos cette belle deuise, qui a pour corps la representation d'vn Aigle portant des fou-dres. Apres que ces Aigles ont contemplé & consideré fixement le Soleil, pour reconnoi-stre dans les lumieres du Ciel où Dieu veut que les foudres de ses vengeances soient es-lancez ; C'est là directement, & non ailleurs qu'ils sont obligez de les porter, & les porter encore conformement à la conduite mesme de Dieu, qui dit en termes exprés, qu'au iour qu'il fera la guerre au monde, il changera & reglera les mouuemens & cours des foudres qu'il prendra alors en main comme des ar-mes pour se vanger : Cecy merite d'estre consideré.

La Philosophie enseigne des foudres, que

naturellement la chaleur de l'exhalaiſon qui les compoſe les porte en haut contre le Ciel: & qu'au contraire, la violente agitation qui ouure le ſein de la nuée, les pouſſe par violence en bas contre la terre : De la contrarieté de ces deux mouuemens qui s'affoibliſſent par vne mutuelle reſiſtance, il s'en fait vn troiſieſme qui n'eſt ny droitement en haut, ny droitement en bas ; mais déreglé, vague, confus & ondoyant, qui fait tourner les foudres en rond par vn mouuement circulaire, *Obliqui via fulminis*. Naturellement leur route n'eſt pas en ligne droite, le but où ils tendent n'eſt pas certain, ils ſe diſſipent quelquesfois & perdent en l'air, ils arriuent quelquesfois iuſques à la terre, & il y a comme vne eſpece d'aueuglement dans leurs agitations, d'où vient qu'indifferemment & au hazard, ils renuerſent & ruinent tout ce qui ſe preſente à eux pendant leurs cheutes ; & parce que les choſes plus eſleuées, comme la pointe des clochers & le ſommet des montagnes, ſont celles qu'ils rencontrent premierement; c'eſt pourquoy ce qui eſt plus eſleué par la ſeule condition de ſon eſleuation, ſans que d'ailleurs il y aye ſujet de le ruïner ou le

destruire, est neantmoins plustost destruit &
renuersé par la cheute des foudres. Voila l'i-
mage des guerres iniustes sous la puissance
& ambition des mauuais Princes. Auoir plus
de grandeur & d'esleuation qu'ils ne desi-
rent, ou qu'ils n'en ont, c'est selon eux vn
pretexte tousiours assez legitime pour attirer les armes qu'ils ont en main, comme des
foudres dont le mouuement est confus & déreglé. Il en arriuera tout autrement (disent
excellemment nos Escritures) au iour que
Dieu declarera & fera la guerre au monde,
Accipiet armaturam Zelus illius, & ibunt di-
rectè emißiones fulgurum, & ad certum locum
insilient. Le zele de sa fureur l'armera, & alors
le mouuement des foudres estant reglé &
changé, ils iront droitement, *Ibunt directè,*
leur agitation ne sera plus confuse ny aueu-
glée, ils frapperont directement à vn but, &
ce but sera certain, *ad certum locum.* Rien ne
sera alors ruiné ny renuersé, qui n'aye merité auparauant de l'estre ; les choses basses
ne seront pas plus espargnées que les plus
hautes, mais les plus hautes aussi ne seront
pas plus attaquées, ny premierement attaquées que les plus basses : la seule mesure du
crime

crime fera alors celle de la vengeance, & en
vn mot, on ne fera en ce temps-là la guerre
qu'à des coulpables, Qui eſt-ce que l'Eſcriture conclud, *Pugnabit aduerſus inſenſatos,*
& tout cela arriuera pour teſmoigner que les
guerres de Dieu ſont iuſtes, & cette Iuſtice
preſuppoſée, elles ſeront heureuſes à cauſe
que toutes les creatures combattront auec
luy pour obtenir la Victoire : *Armabit om-*
nem creaturam, & pugnabit cum illo orbis ter-
rarum, & le fruit de cette Victoire ſera le
bien public du monde.

Tel eſt le Modele & l'Exemplaire de Dieu,
repreſenté comme le Seigneur des Batailles
& des Armées, deſſus lequel le Chriſtianiſme
veut que les Rois portent les yeux, s'ils pre-
tendent & aſpirent à la gloire, de faire des
choſes grandes par la puiſſance des Armes.
Il faut que toutes leurs guerres ſoient iuſtes :
il faut que le mouuement des paſſions impe-
tüeuſes y ſoit reglé comme l'agitation des
foudres : il faut que les Victoires y ſoient aydées par des viſibles aſſiſtances de Dieu : &
faut enfin que quelque vtilité publique &
importante, ſoit vn effet auantageux de leurs
trauaux.

Que l'on m'accuse de flatterie si toutes ces merueilles ne sont pas celles des guerres de nostre Roy. Pendant son Regne, guerres ciuiles, guerres estrangeres, guerres au dehors, guerres au dedans du Royaume : L'Italie, l'Espagne, l'Allemagne, la Lorraine, la France, toute l'Europe l'a veu armé, & en guerre; mais tousiours guerres iustes : Il a attaqué des Rebelles, il a combattu des Factieux, il n'a peu souffrir que des Ambitieux ou des Violans, troublassent le repos de ses Alliez, tousiours selon les traits de ce diuin Exemplaire, en toutes occasions, *pugnauit aduersus insensatos.* Tellement que la mesme circonstance qui iustifie les guerres de Dieu par la qualité de ses Ennemis, fait la iustification des siennes, puisque iamais il n'a porté les foudres que sur des testes dignes de punition.

Et pour le reglement de toutes ces passions immoderées qui font tant de desordre dedans les guerres, comme les vents les plus violents & les plus froids, adoucissent beaucoup de leur rigueur & violence passans par vne Region temperée; Aussi toutes ces émotions ailleurs si difficiles à temperer, passans par l'Esprit de ce Prince y receurent tant de moderation, que ces tempestes ayans trouué leur iuste poids & leur mesure, *fecit ventis pondus*. Toute ambition, toute vengeance, & toute colere que la guerre peut exciter, fut tousiours retenuë & arrestée dedans ces bornes, de ne rechercher autre chose, sinon que chacun fut persuadé de se remettre ou de se contenir dans son deuoir. C'est ce qu'il a voulu, & ce que seulement il a voulu, & ce que tousiours il a voulu. Rien par passion ou par transport d'vne ame trop émeuë & emportée, tout par raison & auec douceur & tranquilité, mais neantmoins auec generosité & vigueur, & la vigueur viue & ardente de toutes ces laborieuses vertus dont la valeur militaire est composée.

Hauteur & hardiesse dans les entreprises: Prudence dans les deliberations: Chaleur & diligence dans les executiõs ; Actiuité dans les poursuites ; Resolution dans les perils ; Perseuerance dans les trauaux, & pour couronne & recompense dans ses trauaux par tout des Victoires, & des Victoires aydées par des visibles assistances de Dieu. Tant de places secouruës, ou renduës, ou emportées! & quelles places ? Cafal, Turin, Pignerol, Hefdin, Danuiliers, Landrecy, Arras, Perpignan. Tant de Batailles fuiuies de la défaite & confufion de nos Ennemis ! A Veillane, à Carignan, à Suze, à Rye, aux Ifles, à Auyn, à Locate, & deffus la mer & fur la terre, & au deçà & au delà des Alpes, parmy les precipices & les montagnes.

Qua Regio in terris tanti non plena laboris? & en tous lieux, les Triomphes ont efté les recompenfes de fes labeurs. Tant de Villes rebelles reduites dedans l'obeïffance, auec vne profperité fi impetüeufe, qu'en peu de mois il en a affujetty pres de quarante dans la feule Prouince de Languedoc.

Mais quelle Victoire ! qu'aucun oubly ne pourra iamais enfeuelir, quand nous n'aurions qu'à louër le Ciel du fiege & de la prife de cette formidable place de la Rochelle, où la Rebellion & l'Herefie s'eftoient imaginées de pouuoir viure eternellement, defhonnorant Dieu & les Rois auec impunité & feureté ? Ville fuperbe & orgueilleufe, & dont l'orgueil auoit empefché depuis pres de quatre vingts ans, que la gloire d'aucun de nos Rois ne fut parfaite & accomplie.

Comme

Comme il paroift des taches dans le corps mefme des Aftres plus efclatans, & qu'il y a toufiours quelque chofe à defirer dans les plus belles vies des plus grands hommes: Lors que l'Efcriture nous reprefente les plus vertueux Rois qui ayent commandé le peuple de Dieu ; apres en auoir rapporté beaucoup d'excellentes qualitez & actions, elle finit neantmoins ordinairement par cette exception, *Veruntamen excelfa non abftulit, fecit Iofaphat quod placitum erat in oculis Domini : veruntamen, &c. fecit Ioas rectum coram Domino : veruntamen, &c.* Iofaphas & Ioas, & plufieurs autres Rois d'Ifraël, hommes excellens, & qui ont entrepris & acheué des œuures tres-agreables aux yeux de Dieu: mais neantmoins aucun d'eux n'eut affez de courage ou de bonheur pour ruiner les lieux hauts, c'eft à dire certains lieux dreffez & efleuez dans la Iudée, où vne partie du peuple d'Ifraël apres auoir abandonné la Religion de fes Peres, auoit entrepris d'adorer Dieu felon fa fantaifie & fon caprice.

Que ces traits peignent au naturel les Rois predeceffeurs de noftre Roy, FRANCOIS II. CHARLES IX. HENRY III. HENRY

LE GRAND. Grands Rois, & qui ont fait pendant leur vies des choses grandes, *Veruntamen;* mais neantmoins de leur temps & pendant leur regne la Rochelle a touſiours ſubſiſté, & on a veu ferme & debout ce lieu ſi haut par ſa fierté & inſolence, où la partie du peuple de France qui s'eſt eſcartée de de la Religion de ſes Ayeulx, a deshonnoré Dieu en pretendant de le ſeruir ſelon la vanité de ſon ſens. Ce lieu ſi haut n'a pû eſtre ruiné ny renuerſé par tous ces Rois, & la loüange de tous eſt demeurée affoiblie & diminuée par cette exception. *Veruntamen.* Mais enfin Ville malheureuſe & infidele, & qui auois ſi long-temps fait la guerre au Ciel, nous t'auons veuë aſſiegée, attaquée, humiliée, & abattuë dedans la poudre par la generoſité de noſtre Roy. Nous auons veu auec ioye la démolition de tes forts, la ruïne de tes baſtions, & le renuerſement de tes murs faire partie de ſes Triomphes : Et LOVIS LE IVSTE a entrepris auec hardieſſe pendant ſa vie, tout ce qu'il a iugé deuoir eſtre agreable aux yeux de Dieu, *fecit quod placitum erat in oculis Domini.* Le dirons-nous? *Veruntamen.* Non, Meſſieurs, ne parlons point

icy d'aucune exception affoibliſſante, fer-
mons puiſque nous le pouuons, la couronne
de ſa grandeur comme vn cercle d'ardeur &
de lumiere, & donnons luy la loüange pleine & parfaite, que l'Eſcriture donne à Ezechias ou à Ioas, & aux Rois qu'elle loüe ſans
meſlange d'aucun reproche. *Ipſe eſt directus
diuinitus, & tulit abominationes impietatis in
diebus peccatorum corroborauit pietatem, & ex-
celſa quoque diſſipauit.* Son Eſprit fut inſpiré
diuinement, il fit ceſſer les abominations de
la terre, & pendant les iournées des pecheurs
il fortifia la Religion & la Pieté ; & enfin il
ruina & diſſipa les lieux hauts où Dieu eſtoit
deshonnoré par des ſacrileges adorations : &
la puiſſance du Ciel apres auoir donné, en
conſideration de ſon zele, des Victoires à ſes
armes, rendit enfin ſes Victoires infiniment
auantageuſes.

Toute la terre a combattu pour le rendre
Victorieux, mais luy n'a combattu qu'afin
que Dieu Regnaſt & Triomphaſt. L'Egliſe
r'eſtablie dans ſa ſplendeur, l'Hereſie abaiſſée
iuſqu'au meſpris, la grandeur de cét Eſtat, la
deliurance des oppreſſez, l'humiliation des
orgueilleux, la ioye des gens de bien, la

crainte & la confuſion des meſchans, l'in-
comparable reputation du Vainqueur; Le
bien, le repos, le pardon, le ſalut, la liberté
des vaincus : Voila le fruit de ſes Victoires
eſgalement auantageuſes & fortunées: Et ſi
au bout du Sceptre que portent nos Rois il
y a vne Fleur de Lys repreſentée, & que ſelon l'experience & la creance dont pluſieurs
Autheurs anciens ont fait mention, les Fleurs
de Lys ſoient doüées d'vne vertu particulie-
re contre les charmes. Pour dernier fruit de
toutes ces Victoires de noſtre Roy, y a-il
point aſſez de fondement pour pouuoir dire,
qu'autant de fois qu'il a vaincu il a comme
frappé la terre auec vn coup de ſon Sceptre:
& ce Sceptre des Fleurs de Lys a rompu &
diſſipé d'vn meſme coup, infinité d'enchan-
temens.

La Victoire de la Rochelle, combien a-elle
deſ-enchanté d'eſprits, & d'ames que l'Hereſie auoit charmez, & qui ont maintenant re-
connu & abandonné leurs erreurs, & em-
braſſé la verité? Et combien de perſonnes en
ce Royaume par preoccupation ou peu d'e-
ſtime de leur Nation, comme enchantées de
l'opinion que cette Monarchie ne pourroit

iamais

iamais refifter feule à toutes les Puiffances qu'elle auoit efté obligée d'attaquer, & neant-moins la terre ayant reffenty le coup du Sce-ptre de noftre Roy il a vaincu : & l'experien-ce des fuccés nous a apris, que la France feu-le, & de fes feules forces, eft capable d'affuje-tir tout ce qui autrefois luy pouuoit donner de la terreur, & ce charme a efté diffipé ; & i'ofe dire encore deffus ce poinct, que cha-cun faffe reflexion fur foy-mefme, & ref-fouuenons-nous de combien d'illufions vai-nes & foibles, nous nous fommes nous mef-mes feduits, ou par des temeraires iugemens fur les conionctures prefentes, ou par des fauffes craintes fur des malheurs imaginaires & auenir, iufqu'à ce qu'enfin la felicité de nos armes ayant furpaffé nos efperances, elle a auffi defabufé nos efprits, & comme vn coup de Sceptre agiffant par la vertu des Fleurs de Lys a fait éuanouïr ces illufions, & nous auons ouuert les yeux, & auons veu les merueilles Chreftiennes de LOVIS LE IVSTE dedans la puiffance des Armes. Qu'il ne nous refte plus qu'à rechercher & recon-noiftre que dedans le pouuoir des plaifirs.

Que la volupté des fens, Meffieurs, foû-

leue & excite de tentations puiſſantes pour
aſſujetir l'eſprit de l'homme ! & qu'il eſt vray
qu'en toutes ſortes de conditions il y a peu
d'ames dont la reſolution n'en ſoit vaincuë;
mais particulierement dedans la condition
des Souuerains, ſi eminente qu'elle les rend
maiſtres des Loix dont ils n'apprehendent
point les chaſtimens, & ſi redoutée & re-
ſpectée, que cette crainte & reſpect perſuade
à vn chacun de conſentir ſans reſiſtance à
toutes leurs volontez, & les met en eſtat de
trouuer peu de difficultez qui les empeſchent
d'executer ce qu'ils deſirent. A ne point exa-
gerer les choſes dans vne condition ſi peril-
leuſe, & qui ſe peut promettre aſſurément
toute facilité & toute impunité dans les plaiſirs, auoir l'Ame ſi pure, ſi chaſte, ſi continente, qu'on ne permette rien à la licence de
ſes paſſions. Si quelqu'vn doute de la grandeur de cette merueille, pour s'eſclaircir ſur
ce doute, qu'il conſulte ſes ſentimens en ce
qui eſt de la volupté & des delices : Si nous
pouuions impunément tout ce que nous
voudrions, & ſi nous le pouuions ſans diffi-
culté & reſiſtance, ſeroit-il poſſible de trouuer des bornes pour la moderation de nos

defordres ? Ie ne fçay. Et ie fçay que Domi-
tian fe trouuant autrefois dedans Rome en
cét eftat, de fatisfaire fes appetits, fe déregla
iufques au poinct de croire qu'il ne pouuoit
donner des tefmoignages plus affeurez de fa
grandeur, que par fes infamies & adulteres:
Adulteriis fe filium Principis probabat. Et d'vn
Exemple plus inftructif & eftonnant dans ce
mefme peril, Dauid ny Salomon, quoy que
la main de Dieu eut efleué l'vn dedans le
Trône, & qu'il eut efclairé l'autre de fa Sageffe, ne pûrent neantmoins fubfifter dans
l'innocence : & toutesfois dedans la mefme
condition en la perfonne de LOVIS LE
IVSTE : Les Anges l'ont veu auec eftonne-
ment, & les hommes n'en doiuent ouïr le
difcours qu'auec admiration. Vn Roy qui en
la fleur de fes années & en la fouueraine fortune, n'a laiffé à fes paffions qu'autant d'eften-
duë que la continence Chreftienne leur en
ordonne, & leur a fermé tout l'efpace fi am-
ple & vafte que leur ouuroit la Royauté ef-
leuée au deffus de toute crainte des Loix humaines. A la moindre & premiere declaration de fes defirs, l'apprehenfion feule de tous
eut efté celle de luy déplaire, & dans cette

complaisance si generale que chacun eut e
pour luy, sa seule apprehension fut de dé
plaire à Dieu, & les yeux que chacun eu:
fermé pour ne pas examiner ses actions,
les ouurit pour se iuger & condamner seue
rement, & ne se rien permettre ny pardor
ner qui ne fust selon l'honnesteté.

Time Deum & caue ne pecces, crains Die
& ne peche iamais : Ceux qui l'ont appro
ché sçauent combien ses commandemens &
ses defenses estoient grauez profondémer
dedans son Ame , & combien Dieu & l'o
fense de Dieu estoit sa seule & sa continuël
frayeur : En telle sorte que s'il y a quelqu
defaut à excuser dans sa vie, que cette excu
se luy est glorieuse, de pouuoir dire qu'il a e
le peché en telle horreur & auersion, qu'o
n'a iamais pû luy mettre en l'esprit la resolu
tion ou la souffrance d'aucune chose, qu'o
luy persuadant premierement qu'elle esto
sans peché! Craindre Dieu & ne pecher i
mais, au lieu de tant de maximes fausses, in
pies & detestables, iusqu'à l'execration, q
forment la Politique des Grands du mond
Ce fut icy la maxime fondamentale de
conduite, il craignit Dieu, il craignit l'o
fen

fenſe de Dieu, & cette crainte luy perſuada la continence : Et ſi l'impureté & l'impieté qui n'ont que trop de partiſans & de defenſeurs dedans les Cours, auoient icy l'audace de blaſphemer & de mentir, que cette loüange de chaſteté & de continence, comme trop baſſe pour vn grand Roy, ne deuroit eſtre alleguée ny employée qu'à excuſer, pluſtoſt qu'à loüer des eſprits foibles & chagrins. Auec combien de raiſons fortes, & preſſantes, & conuaincantes, ne pourroit-on leur ietter la honte & la confuſion ſur le viſage, & leur fermer la bouche par la vertu de cette parole ſi imperieuſe & ſi puiſſante de Ieſus-Chriſt, *Tace & obmuteſce*, Tay-toy Demon d'impureté & de menſonge.

Le chagrin d'eſprit teſmoigne vn homme qui ſe trouuant peu ſatisfait des ſeuls contentemens interieurs de l'Ame, ſe perſecute & ſe trauaille d'inquietude, dans le deſſein de trouuer quelque ſatisfaction hors de ſoy-mêſme ; Et au contraire, la Continence eſt vne marque d'vne ame ſi plainement contente des ſeuls plaiſirs de l'eſprit, qu'elle meſpriſe tous les plaiſirs des ſens ; Le chagrin donc de l'eſprit n'eſt pas vne diſpoſition qui

la produife, puifqu'au contraire c'eft vn ennemy qu'elle ne peut fouffrir & qu'elle chaf-
fe. *Non habet amaritudinem conuerfatio illius,
contubernium enim habet Dei.* Semblablement
pour la foibleffe. Vn efprit foible veut dire
premierement, vn efprit peu refolu & genereux, qui fe laiffe aifément vaincre, & qui
fouffre fans beaucoup de fentiment la feruit-
tude & l'efclauage : Mais l'homme continent
ne peut eftre vaincu ny affujety par la volupté. Cette Puiffance neantmoins eft fi victorieufe, qu'elle a rendu infinité de Rois fes ef-
claues. Vne refiftance fi triomphante, & qui
ne peut fouffrir les fers defquels on a chargé honteufement les Conquerans de tout le
monde, ne peut eftre accufée ny foupçon-
née de foibleffe : Autrement vn efprit foible
veut dire, vn efprit peu efclairé & peu intel-
ligent, qui ne voit rien que ce que les yeux
du corps luy reprefentent, & qui par defaut
de lumiere & de vigueur, ne peut atteindre
à la penetration des objects qui ont quelque
forte d'efleuation & de profondeur. Or eu
efgard à tous les objets fenfibles des creatures qui nous attirent à la volupté, il y a premierement la beauté apparente de la crea-

ture, dont l'esclat frappe les yeux ; & il y a dauantage & au dessus, la beauté souueraine du Createur qui est Autheur de cét ouurage: mais beauté spirituelle & inuisible, qu'on ne découure point que par la seule pensée de l'esprit. Si on s'arreste à la seule beauté corporelle & apparente, & qu'on y attache son cœur auec des pretentions qui ne soient pas iustes & legitimes, c'est ce qui fait l'Amour impur & deshonneste. Et au contraire, si au dessus & au delà de la beauté corporelle de la creature, on s'esleue à la souueraine beauté du Createur pour l'adorer & pour l'aimer, & n'aimer que luy en son ouurage, c'est ce qui fait l'Amour chaste & vertueux. A qui sera-ce donc en ce sujet qu'il faudra donner & attribuër la force ou la foiblesse d'esprit, au Voluptueux ou bien au Continent? Le Voluptueux ne voit rien au delà de ses yeux, ce qui arreste sa veuë termine ses pensées : La seule creature, est ce qu'il voit & ce qu'il ayme auec ardeur & vehemence: son esprit n'a pas la force & la vigueur de passer outre : son esprit s'arreste donc faute de force & de vigueur, & le défaut de force & de vigueur euidemment fait la foiblesse. Tous ceux (dit fainct Paul) qui ont perdu l'Amour du Createur dans la contemplation des creatures, fe font éuanoüis en leurs penfées, *Euanueruut in cogitationibus fuis.* Paroles qui felon noftre langage marquent vne difpofition dans l'efprit, femblable à celle qui eft au cœur alors qu'il tombe en defaillance par éuanoüiffement : & chacun fçait que l'éuanoüiffement eft vn tefmoignage de foibleffe. Tout au contraire, à la rencontre de la beauté vifible des corps, l'Ame chafte & continente fans s'arrefter au feul objet de fes fens, porte, efleue & pouffe fon efprit iufqu'à la beauté inuifible & cachée du Createur, *Et inuifibilem tanquam videns fuftinuit,* qui font les paroles excellentes par lefquelles fainct Paul defcrit la force de l'Efprit de Moyfe, comme fi Dieu inuifible paroiffoit vifiblement à l'Ame chafte dans toutes les beautez de la terre, c'eft feulement ce qu'elle y ayme, & c'eft toufiours ce qu'elle y voit, *Tanquam videns,* & c'eft toufiours iufques où elle penetre, & y penetre (puifque les corps ne la peuuent arrefter) par force & vigueur d'efprit : & la vigueur eft oppofée à fa foibleffe, & il s'en faut toûjours beaucoup, par confequent, que la pu-

reté

reté & continence ne foit la vertu des efprits foibles.

La religieufe crainte de Dieu, la fatisfaction des vrais plaifirs, vne generofité victorieufe de fes fens, & les plus fortes & efleuées penfées de l'Ame font les perfections qui fuiuent ou accompagnent cette vertu fi heroïque. Et LOVIS LE IVSTE l'ayant poffedée felon toutes fes perfections, c'eft ce qui fait le fons des dernieres, & poffible des plus grandes merueilles de fa vie. Paffons à celles de fa mort.

In vitâ fuâ fecit monftra, fed in morte mirabilia operatus eft.

LA Mort commençant à agir fur les corps, y efteint premierement la clarté & la lumiere, & la premiere partie qui meurt en nous, ce font les yeux, & puis combattant & attaquant par des continüelles langueurs & foibleffes, le principe de la vie qui eft le cœur, elle le fait enfin mourir, & la derniere partie qui meurt en l'homme, c'eft le cœur; Ce qui arriue au corps arriue par proportion à l'ame, à caufe de l'intime & eftroite liaifon qui les vnit. L'œil de l'ame, c'eft l'entendement & l'esprit, & à l'heure de la mort l'esprit est ordinairement en confusion & en desordre, estant comme chargé & enueloppé d'obscurité & de tenebres, dedans lesquelles il a beaucoup de peine à conseruer la mesme liberté qu'il auoit auparauant dans ses operations. Le cœur de l'ame, c'est le courage, & à l'heure de la mort tant de choses espouuentables & terribles attaquent le courage, qu'il est bien difficile qu'il se soustienne sans defaillance & sans foiblesse.

La foiblesse donc du cœur & du courage, estonné & effrayé de crainte, & la confusion & le desordre de l'esprit, couuert d'obscurité & de tenebres font les deux grands défauts, & défauts presque inéuitables à tous mourans. *Sed mortuis facies mirabilia Deus, & narrabit quis in sepulchro virtutem tuam.* Mais, ô mon Dieu ! il vous plaist de reseruer par fois des admirables benedictions, en faueur de quelques mourans qui descendent dans les sepulchres auec de grands sujets d'y annoncer & d'y publier vostre vertu.

Le Prince que nous pleurons & que nous loüons est en ce nombre, & la vertu de Dieu a paru auec esclat pendant le cours de sa ma-

ladie & au poinct de fa mort par cẽs deux
grandes merueilles. Lumiere en vn temps
d'obfcurité & de tenebres ; iamais fon Efprit
ne parut plus efclairé. Fermeté en vn temps
de langueur & de foibleffes ; iamais fon courage ne fut plus ferme : Ce font les deux extraordinaires, & fingulieres, & rares merueilles de fa mort.

Lumiere d'efprit, & mon imagination me
le reprefente en cette Chaire comme mes
yeux l'ont veu dans ce iugement fi fain , &
cette intelligence fi claire & nette de toutes
chofes, qu'il conferua iufqu'au dernier moment. Ie croy affeurément qu'alors tous les
objets les plus dignes de fes affections & de
fes foins , pafferent pour la derniere fois deuant fes yeux. La Religion, l'Eftat, fa Famille, fes Sujets, fon Royaume, les Affaires tem-
porelles & eternelles, toutes ces chofes fe pre-
fenterent alors à fes penfées , & il iugea de
toutes ce qu'il en faut iuger.

Il iugea du befoin & de la neceffité de fes
peuples ce qu'il en faut iuger, ayant dit tres-
fouuent dedans les progrés de fa maladie,
qu'il n'auoit aucun defir de la vie que pour
auoir le temps de donner à fon Royaume &

à son Peuple, la Paix & le soulagement qu'il sçauoit luy estre necessaire. Qu'il y eut de verité & de clarté d'esprit dedans ce iugement!

Il iugea de la verité & saincteté de la Religion Catholique & Romaine dans laquelle il mourut, ce qu'il en faut iuger : & en ayant parlé à Messieurs les Mareschaux de la Force & de Chastillon, ce fut auec des paroles si touchantes & penetrantes, qu'il tira des larmes de leurs yeux. Ha ! si ces larmes & la puissance de ces paroles amollissans & attendrissans ces ames nées à croire d'ailleurs si religieusement la parole de leur Roy, les pouuoient disposer à receuoir l'esprit de conuersion & de salut !

Et encore ayant consideré les plus excellentes vertus du Christianisme, & particulierement cette sur-éminente charité, qui pardonne les iniures, & qui se reconcilie auec tous ; n'en forma-il pas le iugement qu'il en faut faire? La liberté & le retour de tant de personnes qu'il rappella, & qu'il eut impatience de voir, & qu'il receut auec beaucoup d'accueil & de carresses ; declarent bien éuidemment que son ame estoit esclairée & reglée en ce temps par des iugemens de cette

sorte:

forte : Mais particulierement l'objet fur lequel les mourans conſeruent moins la liberté de l'eſprit, c'eſt la mort meſme. Cét objet
ſi terrible leur fait peur, & comme ils n'en
ſouffrent la penſée qu'auec peine, ils n'en iugent qu'auec confuſion. Ils n'oſent pas la con-
ſiderer entierement , la profondeur de cét
abiſme trouble leur veuë, & confond en ſui-
te leur eſprit ; C'eſt neantmoins dequoy ce
Prince s'entretint auec plus de liberté : ce furent ſes diſcours plus agreables & ordinaires:
il parla de ſa mort comme de celle d'vne perſonne tierce & eſtrangere ; & ayant veu par
les feneſtres de ſa Chambre l'Egliſe où nous
ſommes maintenant ; Voila, dit-il, le lieu où
nous trouuerons le repos de tant de peines,
& diſpoſa des ordres & du chemin qu'il vouloit qu'on gardaſt en l'y portant. Que de té-
moignages ſenſibles que cette ſouueraine faueur implorée autrefois par Dauid auec tant
de deſirs, fut alors accordée à LOVIS LE
IVSTE !

Illumina oculos meos, nequando obdormiam
in morte, & ne dicat inimicus meus præualui
aduerſus eum. Illuminez mes yeux, mon Dieu,
& faites que le ſommeil qui aſſoupit la pru-

M

dence de l'Ame, ne me surprenne point au temps de la mort, de peur que l'ennemy du salut ayant preualu dessus l'esprit par la puissance de ses tenebres, ne preuale encore sur le courage par ses frayeurs. *Hæc est hora & potestas tenebrarum.* L'heure de la mort est proprement l'heure des tenebres, & des tenebres assez puissantes pour ietter l'estonnement dans l'ame, & particulierement dans l'Ame des Rois, qui ayans iusques alors iugé les hommes, se voyent sur le poinct d'estre iugez de Dieu, & d'en estre iugez seuerement & rigoureusement.

Tenent me angustiæ, dit autrefois Saül ressentant les dernieres agonies sur les montagnes de Gelboë, les angoisses me pressent; Vne autre version porte, *Apprehendit me corona mea,* ce qui est excellemment expliqué de quelques-vns, Le poids de ma Couronne m'accable. Les mauuaises actions que font les Princes ne les deuant pas faire, & en plus grand nombre infiniment les bonnes actions qu'ils n'ont pas faites les deuans faire (car ils rendront compte à Dieu de tout) ils n'ont point fait de mal, ce n'est pas assez, il faut qu'ils fassent beaucoup de biens, & de grands biens, & Dieu appellera vn iour pour leur condamnation, *ea quæ non funt tanquam ea quæ funt. Appenfus es in ftatera, & inuentus es minus habens,* dit l'Efcriture d'vn Roy iugé de Dieu & condamné. C'eft ce qui fait le poids de la Couronne & du Diademe, *Apprehendit me corona.* Que ce poids a de pefanteur ! & qu'il eft capable d'accabler l'Ame d'eftranges craintes, & au milieu de tant de fujets qui leur peuuent donner tant d'horribles apprehenfions, maintenir la fermeté de l'Ame iufques à mefprifer la mort, & la mefprifer Chreftiennement, comme cette merueille eft la derniere ; auffi auec verité eft-ce la plus glorieufe & plus illuftre de toutes. *In morte mirabilia.* Expliquons ce mefpris ordinairement peu pratiqué, & affez mal entendu & mal conceu. Voicy mon iugement & ma penfée.

Perfonne ne mefprife ce qu'il eftime comme digne d'eftre choifi & recherché ; & encore perfonne ne mefprife ce qu'il apprehende, & ce qu'il craint. Ainfi il y a vn mefpris oppofé à la crainte, & vn mefpris oppofé à l'eftime, d'où il s'enfuit, que mefprifer la mort, c'eft à dire, n'eftimer pas la mort, &

aussi ne pas craindre la mort. Pendant les
grandes maladies, iusqu'à ce qu'on aye veu
des indications certaines qu'il faut mourir
(ie dis certaines autant que les coniectures
humaines, & que la suffisance de l'Art y peut
atteindre) iusques là, la mort estant encore
dedans l'incertitude & dans le doute, & la
volonté de Dieu ne nous estant pas encore
connuë ny declarée, ie dis qu'en cét estat le
malade est obligé de mespriser la mort, d'vn
mespris opposé à l'estime, & ce mespris con-
siste à mettre l'Ame dans vne indifference où
elle soit sans passion, ny crainte, ny desir, ny
aucune determination de volonté, soit pour
la vie, soit pour la mort. La raison est, que la
connoissance de la volonté de Dieu deuant
tousiours preceder la determination de la
nostre (car nous deuons vouloir seulement
ce que Dieu veut, & ne rien vouloir que Dieu
ne veuïlle) puisque nous supposons qu'en cette circonstance de temps où la maladie pa-
roist sans peril, Dieu n'a point encore donné
de signes pour declarer qu'il aye volonté que
nous mourions : Ie dis par consequent, que
pour ne pas preuenir la volonté de Dieu en
ce temps, nous deuons suspendre & arrester

la

la noftre ; & cette fufpenfion de volonté fe
fait par l'indifference, dedans laquelle l'Ame
ne reçoit & ne veut rien abfolument ny particulierement , mais feulement en general ;
elle attend d'apprendre & de fçauoir tout ce
que Dieu voudra pour s'y conformer & s'y
refoudre. Et cette difpofition prefuppofée,
il luy eft indifferent de viure, & il luy eft pa-
reillement indifferent de mourir ; tellement
qu'en cette indifference n'ayant attachement
ny pour la vie ny pour la mort, elle mefprife
efgallement & l'vne & l'autre d'vn mefpris
oppofé au choix & à l'eftime. *Magnificabi-*
tur Chriftus in corpore meo, fiue per vitam, fiue
per mortem. Voila la fermeté des Ames difpo-
fées au mefpris Chreftien de la Mort. Voila
la generofité du œur de noftre LOVIS : Et
tres-fouuent pendant fa maladie, & particulierement dans les premiers iours, ces paroles qui ont forty de fa bouche, ont tefmoi-
gné ces fentimens lors qu'il a dit, & il l'a plufieurs fois reïteré & repeté, qu'il ne deman-
doit à Dieu ny la vie ny la mort, mais feulement que Dieu accomplit en luy fa volonté.
Auoir la vie en patience, & la mort en intention & en defir. C'eft vne loüange que les

Autheurs profanes ont employé pour loüer
les plus courageux des Romains qui ont souf-
fert, ou qui se sont eux-mesmes donné la
mort. Cette loüange n'est pas Chrestienne,
& ie dis plus, cette loüange n'est pas ver-
tüeuse ny veritable. La volonté de Dieu peut
rendre generalement douces & desirables,
toutes les choses qui seroient d'elles-mesmes
les plus desagreables & plus ameres : Mais cette consideration n'estant pas tombée dans
l'ame des Payens, ceux qui parmy eux ont
desiré la mort, ne l'ont pas considerée que
comme la fin ou le remede de la douleur ou
de la honte, qui les a attaquez ou menacez
pendant leur vie, & la desirer par ce motif,
ce n'est ny generosité de cœur, ny mespris
de la mort. Ce n'est pas generosité, car ce
desir alors a pour principe la lâcheté ou l'impatience qui fait apprehender la douleur,
pour le remede de laquelle on veut mourir :
Et la lâcheté & l'impatience ne font pas des
principes de generosité, & ce n'est pas non
plus mespris, car faire de la mort vn objet
de son desir, c'est en faire vn objet que l'on
iuge digne de son estime & de son choix
& qui estime quelque chose & la choisit

comme nous auons dit, ne la mefprife pas.

Genereufe & Chreftienne indifferenc e de
ames fermes, qui auant que la volonté de
Dieu foit declarée ne fentent aucunes inquie-
tudes qui les trauaillent, ny pour viure ny
pour mourir, il n'y a que vous à qui appar-
tienne cette loüange de mefprifer vertueu-
fement & la vie & la mort.

Le fruit de cette indifference doit eftre de
faire que l'Ame ne tienne plus à l'amour de
la vie, par aucune forte d'attachement ou de
liaifon ; Grandeurs, Honneurs, Authoritez,
Commandemens, Royaumes. Que de cor-
dages & de liaifons qui attachent les Rois
aux chofes prefentes de ce fiecle, & à l'amour
de cette vie! Et neantmoins en l'Ame de noftre Roy long-temps auant qu'il mourut, le
mefpris de la mort n'auoit-il pas rompu toutes ces chaines? Qui ne le fçait? Qui ne l'ad-
mire ? Qui ne s'en fouuient point de cette
action celebre, où vn mois entier deuant fa
fin il fut affez detaché de la vie pour fouffrir conftamment la penfée de fe defpouiller
foy-mefme de fon Royaume, & fe demettre
de la conduite, & s'en demit. Que la Pofte-
rité eftime & iuge de fon courage par cette

action. Pluſieurs de nos Rois ont porté le Sceptre, & poſſedé le Royaume auec plus de repos & moins de peines : Quelques-vns l'ont tenu & en ont ioüy plus longuement, mais perſonne ne l'a iamais quitté & abandonné plus genereuſement : *Imperium alÿ diutius tenuerunt, nemo tam fortiter reliquit* , & perſonne iamais ne ſurmonta ny ne triompha de la mort auec plus de meſpris : I'ay dit auec vn meſpris oppoſé à l'eſtime, & il me reſte à dire auec vn meſpris oppoſé à la crainte.

Quand la volonté de Dieu eſt declarée, & que la maladie eſtant reconnuë pour mortelle , on nous a auertis de la part de Dieu qu'il faut mourir, alors il n'eſt plus temps que l'Ame demeure ſeulement dedans l'indifference, & le meſpris de la mort oppoſé à l'eſtime, mais il faut qu'elle paſſe dans le meſpris oppoſé à la crainte. Alors puiſque Dieu veut que nous mourions, il faut reſolument & determinément vouloir mourir, & quiconque veut mourir ne craint plus de mourir , la crainte n'eſtant autre choſe qu'vne auerſion & horreur de l'Ame, qui apprehende & craint ce qu'elle ne veut pas.

Ce meſpris victorieux de la crainte de la mort

mort se fait par la resignation Chrestienne, & par l'aquiescement de l'esprit aux volontez de Dieu ; Mais dans les Ames basses & mediocres, cette resignation arriue ordinairement auec effort & resistance, accompagnée d'affliction & de tristesse, qui marque qu'il y a encore quelque mouuement de crainte qui trouble l'Ame.

Puisque Dieu veut que nous mourions, & que l'execution de ses volontez est inéuitable & infaillible, on se soûmet, & c'est la resignation & l'aquiescement de l'esprit. Mais s'il plaisoit à Dieu on auroit grand dessein de viure, & de plus, on voudroit qu'il pleust à Dieu de nous laisser dedans la vie, & s'il la faut quitter on s'afflige, & c'est la tristesse & resistance qui tesmoigne quelque sorte de crainte, estant certain que celuy qui s'afflige & resiste à la souffrance de quelque chose, apprehende encore en quelque sorte de la souffrir.

Dispone domui tua quia morieris, dit vn Prophete de la part de Dieu au Roy Ezechias, d'vn Roy si Religieux & si obeïssant à Dieu, il n'y a pas d'apparence de croire qu'au fons il ne fut resolu de se soûmettre;

O

mais neantmoins cette notuelle luy fit tourner le visage contre le mur : Il pleure, il gemit, il auoüe qu'il souffre peine & violence, & que son courage est estonné, *Domine vim patior.* Plus noblement & plus victorieusement dans les grandes ames, l'aquiescement aux volontez de Dieu alors qu'il faut mourir, se fait non seulement sans resistance; mais dauantage se fait auec vn mouuement de ioye & d'allegresse, par laquelle toute sorte de crainte & de frayeur est estouffée, pource que l'Ame, dit Aristote, qui agit auec ioye, agit sans resistance, & tres-certainement agit sans crainte, puisque la crainte serre & presse le cœur, & que la ioye au contraire, l'ouure & l'estend auec dilatation & liberté. Ce qui conclud enfin que le mespris qui est opposé à la crainte de la mort, est au plus haut poinct de generosité & de fermeté où il puisse monter, quand on reçoit la mort de la main de Dieu auec ioye & allegresse. Mais, ô mon Dieu, mourir auec ioye & allegresse, de combien peu est-ce la Gloire? Ce n'est ny exageration ny flatterie, ce fut celle de LOVIS LE IVSTE.

A la premiere nouuelle qu'on luy donne

de sa mort, comme certaine, l'exhortant
de se disposer à receuoir le sainct Sacrement
pour Viatique, voicy la ioye, & la resiouïssance de son Ame dedans les tesmoignages
de ces paroles (son cœur n'ayant peu dauantage la contenir dans le secret de ses pensées.)
Lætatus sum in his quæ dicta sunt mihi, & encore, *Quam dilecta tabernacula,* & encore,
Sitiuit anima mea ad Deum fontem viuum.
Il dit alors toutes ces choses, & les dit auec
sentiment ; il vescut depuis pres d'vn mois:
& peu auant que de passer, son Confesseur
luy ayant reïteré cette dure nouuelle, que
sa derniere heure n'estoit pas beaucoup
esloignée, cette estonnante parole, comme
il estoit arriué à Ezechias, ne luy fit pas dé-
tourner le visage contre le mur pour n'en
pas voir le messager : Il le vit, il le receut,
il l'embrassa auec des tesmoignages de bien
veillance & de tendresse, & au lieu de ces
lamentations si pitoyables d'Ezechias. *Ego
dixi in dimidio, &c. Quis credet auditui no-
stro?* Qui le croira ; mais l'ayant creu, qui
l'oubliera ? Ce Prince n'eut en bouche que
les paroles de ce beau Cantique que l'Eglise
employe & prononce dans les grands excés

d'vne parfaite & entiere resiouïssance, *Te Deum, &c.* & ces mesmes clameurs, & ces mesmes acclamations de ioye, qu'il auoit fait retentir si souuent dedans les Temples pour remercier Dieu de ses Triomphes, furent les mesmes qu'il prononça pour le loüer & le glorifier en sa mort. Ne fut-ce point que la mort luy sembla estre comme la victoire, qui fait que Dieu triomphe de la grandeur humaine de tous les Rois ? Pendant sa vie, la main de Dieu ayant infinité de fois assujety ses Ennemis sous son pouuoir. Il le loüa & glorifia d'en auoir receu tant de victoires : Mais en sa mort ayant connu que Dieu vouloit triompher de luy-mesme, il ne vit pas le triomphe de Dieu auec moins de ioye & de satisfaction, qu'il auoit consideré les siens propres, & employa pour ce sujet le Cantique des mesmes loüanges, *Te Deum, &c.* il se fit apporter peu apres vn Crucifix, qu'il auoit reserué comme l'objet le plus doux & agreable, & le dernier sur lequel il vouloit arrester les yeux dedans le monde ; il arresta aussi en mesme temps sur ce seul objet toutes ses imaginations, & ses desirs & ses pensées : & s'estant fait lire

l'Histoire

l'Histoire de la Passion, deslors Iesus-Christ fut la seule chose qu'il desira, & à laquelle il aspira : On luy donna aduis en suitte qu'il estoit temps de commencer la recommandation de l'Ame : elle se fit à deux reprises, & comme on vint à la prononciation de ces paroles, *Proficiscere anima Christiana, &c.* ces paroles expressiues de sa prochaine yssuë hors du monde, semblerent auoir augmenté sa satisfaction sensiblement. Autant de temps que l'vsage de la parole luy resta libre, ce ne furent que continuels eslancemens, d'vne ame qui n'estoit plus retenuë dessus la terre qu'auec regret & resistence, & comme elle luy eut failly, ses forces diminuans peu à peu, sans tesmoignage d'aucune violente agitation, apres auoir donné toutes les marques d'vne conscience, qu'aucun effroy ou inquietude n'auoit troublée, *Venio ad vos durus nuncius,* il rendit l'esprit. *Est iste quidem mortuus est vniuersa genti memoriam mortis suæ ad exemplum fortitudinis & virtutis relinquens.*

Ie sçay bien que i'ay obmis & laissé à dire infinité de choses : & que si ce discours a pû representer en quelque sorte la vie du

Roy , ce n'a pas esté comme vn pourtrait
ou vne image de Peinture , à laquelle i'aye
donné toutes les couches & les traits qu'elle estoit capable de receuoir : mais seulement
comme vn ouurage de Sculpture & vne sta-
tuë de precieux marbre , dont i'ay esté obligé necessairement de retrancher beaucoup,
pour ne pas faire vne figure d'vne grandeur
demesurée , & encore pour ne desobeïr pas
entierement à la volonté & aux ordres , de
celuy qui auoit tousiours agy si purement
pour le seul merite de la vertu , que la seule
imagination des loüanges, dont la memoire
de son nom seroit suiuie & honorée , pesa
à l'heure de sa mort , & pesa beaucoup à sa
moderation.

Tous les honneurs de cette pompe funebre luy vinrent en l'esprit auant sa mort,
& il les mesprisa , & il les defendit. Que
le respect de ses deffenses m'a obligé de
cacher de richesses & de thresors deuant
vos yeux ! Et si ie n'ay peu supprimer l'é-
clat de quelques merueilles de sa vie , c'est
qu'il y a des corps si esclatans , qu'il est im-
possible de retenir toute la splendeur de
leur lumiere , veu que d'ailleurs nous auons

pû & auons deu n'obeïr pas fi exactement à fes deffenfes.

Le Fils de Dieu defendoit la publication de fes Miracles, pour enfeigner la modeftie, & on ne laiffoit pas de publier les Miracles du Fils de Dieu, pour n'offenfer pas la reconnoiffance ny la Iuftice.

Le Fils de Dieu refufe l'honneur & les loüanges pendant fa vie, auec autant d'horreur & d'auerfion, que les ambitieux font le mépris : & Dieu alors approuua cette conduite, voulant eftre honnoré & glorifié par l'aneantiffement de fon humilité, & neantmoins il n'a pas pluftoft rendu l'efprit, que la Prouidence de Dieu n'ayant plus d'égard aux inclinations precedentes de fon humilité, & entrant dans les foins de luy procurer la gloire, fait que le Ciel, le Soleil & la terre, l'Enfer, les Demons, les Tombeaux, les Rochers, toutes les Creatures prefchent fa diuinité : & les tenebres mefme qui fe refpandoient en ce temps fur le Caluaire, ne feruirent qu'à efclairer & découurir fa vertu & fa puiffance auec tant d'éclat, que ceux qui affifterent à fa mort, ne pouuans plus retenir la Confeffion de

ſes grandeurs, s'eſcrierent : *Verè Filius Dei erat iſte.*

Par imitation de ce modele que ce Prince eut deuant les yeux en expirant, l'humilité & la modeſtie Chreſtienne luy fit deſirer, que le meſme voile qui ſeroit eſtendu ſur ſon corps pour le couurir, fut eſtendu encore ſur ſes vertus pour les cacher. Et par reconnoiſſance, & par Iuſtice nous n'auons peu en cette occaſion ſouffrir ce voile. Les inclinations de ſon humilité luy donnerent ce deſir pendant ſa vie, & cette humilité fut iuſte & heroïque, pour ce que le temps de la vie, eſt le temps où la fuite de l'honneur peut faire partie du merite ; mais par deuoir & par reconnoiſſance, nous nous ſommes oppoſez apres ſa mort à ſon deſir : & cette reconnoiſſance n'eſt pas moins iuſte, pour ce qu'apres la mort, c'eſt le temps où nous ſommes obligez d'employer tous les teſmoignages d'honneur, pour faire en ſorte que ſa gloire ſoit reconnuë : & generallement tout le Pompeux appareil de ceſte triſte ceremonie, ne doit ſeruir à autre choſe, & rien ne s'y doit rencontrer qui ne publie, ou qui n'eſclaire, ou qui ne parle des vertus

& de

& de la gloire d'vn Prince, qui a eu assez de moderation pour desirer, qu'vne gloire si esclatante fut estouffée.

Autels! parlez de sa pieté qui vous a releuez & restablis en vne infinité de lieux, où l'impieté vous auoit renuersez & abbatus. Sacrifice ! & Sacrement du corps & du sang du Redempteur, qui est offert sur les Autels! parlez du zele & de la deuotion exemplaire, auec laquelle il vous a honnorez.

Sacrées Reliques de tant de Saincts, qui faites les plus precieux ornemens de ces Autels ! parlez des sentimens de Religion, de veneration & respect dont il estoit touché pour vous.

Au milieu de tant d'acclamations des choses muettes, il n'est plus iuste que vous ny moy nous contenions : & faut que si ie parle seul en cette chaire, ma parole neantmoins declare & publie la Confession & le ressentiment de tous. *Verè Verè.* Vrayement, Messieurs, nous honorons & nous pleurons, & nous auons perdu vn Roy le plus digne de loüanges, & de loüanges Chrestiennes qui aye iamais porté la Couronne, puis

Q

qu'il a éuité & corrigé dedans la condition
Royale, toutes les imperfections de la grandeur humaine, par les perfections & vertus de la grandeur Chrestiennne. *In vitâ
suâ, &c.*

Chaste iusques aux paroles mesmes, &
aux desirs & aux pensées, dans le pouuoir
de ioüir de tous les delices des sens, auec facilité & toute sorte d'impunité. Armé, har-
dy, victorieux & triomphant dedans les
guerres, mais sans desordre d'ambition de
cruauté, ny de vengeance, ny d'aucune passion dereglée dedans la puissance des armes.
Iamais superbe ny orgueilleux, ny ingrat,
ny mesconnoissant enuers Dieu, & tousiours
iuste enuers les hommes, dans la supréme
& souueraine authorité : ce sont les merueilles de sa vie.

Lumiere d'esprit parmy l'obscurité & les
tenebres, force de cœur & de courage au
milieu des langueurs & des foiblesses de la
mort, ce sont les prodiges de son trespas, &
neantmoins auec toutes ces incomparables
qualitez, le Prince & toute sa Majesté, &
ses grandeurs, n'est plus rien qu'vn peu de
poudre que ce cercueïl a renfermée,

Et hic mentem mortalia tangant.
Illic sedimus & fleuimus, &c.

Icy comme vous auez veu, Messieurs, nous nous sommes arrestez, & nous auons tasché par la souuenance de tant de belles & signalées actions à exciter nostre douleur, & recherché encore dans cette mesme souuenance à consoler nostre douleur.

Ces dernieres paroles, Messieurs, seroient la conclusion & comme les derniers traits de cet ouurage, si la parole saincte ne m'enseignoit que les regrets ne doiuent iamais finir le deuil que les Chrestiens font pour les morts ; sinon qu'alors que l'on a ioint & adiousté à ces regrets la consolation de l'esperance. Nous ne voulons pas que vous ignoriez : Mes freres, dit sainct Paul, *Nolumus vos ignorare fratres, vt non contristemini sicut gentes quæ spem non habent de dormientibus :* Que la pieté ordonne de s'affliger sur les mortels, mais que la Religion deffend de s'affliger comme les infidelles qui ont perdu toute esperance.

Que Dieu irrité de nos pechez, nous aye priuez d'vn Roy si necessaire pour nos besoins, si important pour la conseruation de

son Eſtat, & ſi vtile pour la felicité & le repos de ſes ſujets. Sujet d'affliction & de l'armes : mais ne perdons pas toute eſperance,
Ne contriſtemini, Dieu en l'excés de ſa colere, ne s'eſt pas oublié de l'abondance de ſes
miſericordes, & ſi en ſuitte d'vn arreſt rigoureux de ſa Iuſtice : il a eſtendu ſa main
pour nous punir, par le treſpas & par la
mort de noſtre Roy, N'eſt-il pas vray qu'il
a affoibly en meſme temps par ſa clemence
l'execution de cét arreſt, ayant empeſché
que le Prince ne mourut pas entierement?
*Mortuus eſt quaſi non eſſet mortuus, Reliquit
enim ſimilem poſt ſe*. Il eſt mort comme n'ayant
pas ceſſé de viure, puis qu'il nous a laiſſé
ſon image viuante, & animée dedans le ſuc-
ceſſeur & l'heritier égalemènt de ſes vertus
& de ſon thrône, & qu'encore nous auons
conſerué la partie plus chere de luy meſme,
en la perſonne de cette Reyne incompara-
ble, dont la Regence promet vne felicité ſi
longue & aſſeurée à ce Royaume.

Illuſtre Reyne que le choix iudicieux de
ſon tres-honoré Seigneur & mary, & la
nobleſſe de ſa naiſſance, & le merite de ſes
vertus, & le deſir des Princes, & le con-
ſente-

sentement des peuples, & les iugements de
ce Senat si auguste & si fidele, & la Prouidence du Ciel, & les souhaits de toute la
Terre ont esleuée à la souueraine authorité,
comme cette femme merueilleuse que l'Es-
criture nous represente, rendant des oracles
de sagesse, *Os suum aperuit sapientiæ, & lex
clementiæ sub lingua illius*, & portant dessous
ses levres vne Loy de Clemence & de douceur.

La Iustice comme nous l'auons veu, mais
la Iustice donnant & distribuant les recom-
penses deuës au merite, & essuyant les larmes des affligez a desia marché deuant ses
pas, & ce n'est point vne vaine imagination
de se promettre qu'en fin, en fin ce qui a
esté iusques icy souhaitté auec tant de desirs,
& ce qui est attendu auec tant d'impatience, nous le verrons pendant les iours de sa
Regence, la beauté, la seureté, & l'abondance de la Paix, & cette loüange donnée
à Debora, pour auoir si dignement & si heureusement gouuerné, le peuple de Dieu sera
la sienne. Les enfans d'Israël la consultoient
sur toutes choses, receuoient de sa bouche
les derniers & souuerains iugemens. *Ascende-*

bant ad eam Filij Ifraël ad omne iudicium : Et
de fon temps apres qu'elle eut obtenu quelques victoires, la terre ioüit d'vne profonde
& longue paix. *Quieuit terra. Iud. 4.0.*

Mais vn Roy laiffé Pupil & qui n'eft pas
encore hors de l'enfance, comme vne fleur
fortie à peine hors de la terre, qui peut eftre
abatuë d'vn foible orage , & neantmoins
pour la neceffité & bien des peuples, les
Rois doiuent eftre femblables à des colomnes fermes, droictes & efleuées pour feruir
d'appuy & de fouftien à leur repos. Il eft
vray, que cet éuenement peut raifonnable-
ment nous donner de la douleur, mais non
pas comme ceux qui feroient reftez fans ef-
perance. *Nolite, &c.* La fuffifance, la fide-
lité , & la fageffe des perfonnes appellées
dans l'adminiftration des affaires, & employées dans la conduite, dit fainct Am-
broife, peut donner perfection à l'aage des
ieunes Princes, & ce qui manque à la foibleffe de leurs années, eft fuppleé heureufe-
ment par ces affiftances fi vtiles & fi fideles, que l'Efcriture les appelle l'œil & la main
des Roys, qui ne peuuent encore agir d'eux-
mefme, ny fe conduire.

Que ces confiderations me remettent en
l'efprit de perfonnes illuftres, foit dans le
corps Ecclefiaftique, foit dans les armes, foit
dans la robe, & que i'en voy icy de prefentes deuant mes yeux, fideles, intelligen-
tes, affectionnées au bien du Roy, & qui
defia depuis le peu de temps que la Regence a commencé, ont feruy prudemment,
genereufement, vtilement, & merité par
leurs confeils & actions, toutes les loüanges que le temps qui me preffe, & la con-
noiffance que i'ay de leur moderation, ef-
touffe prefentement dedans ma bouche,
auec quelque forte d'iniuftice. Ie l'auoüe,
& reconnois que ce filence ne fera pas vn
des moindres defauts de cét ouurage : mais
auffi le filence feroit trop ingrat & iniu-
rieux, s'il fupprimoit iufqu'à ce qui eft
deu, Monfeigneur ! à voftre Alteffe Royale
comme au premier, & principal appuy de
cette Couronne, & dont nous deuons en
ces rencontres attendre & efperer infiniment. La qualité qu'elle poffede, de Lieute-
nant general des armes de fa Majefté, vous
met en main les armes pour la defenfe de fa
grandeur. Celle de chef de fes confeils fou-

met toutes les affaires plus importantes de ce Royaume à la lumiere de vos yeux. Des yeux si esclairez & d'vne main si puissante, doiuent-ils point nous garantir de toute crainte ? & d'auantage! ie puis parler icy de toute l'abondance de mon cœur, à cause que ie parle par la connoissance & experience, l'honneur de seruir vostre A. R. esclairant assez soudainement l'esprit pour la connoissance de ses vertus. Quelle asseurance pour le bien de nos affaires, ne peut-on prendre d'vn esprit si plein d'intelligence, generalement pour toutes choses, comme est le vostre ? & d'vne ame si née, si portée par tant de fortes inclinations à la douceur, à l'affabilité, à la liberalité, & à n'ouïr & ne voir iamais sans beaucoup de compassion & de tendresse, la pauureté, & la souffrance des peuples, & la calamité des miserables?

Et si les choses passées peuuent donner quelques augures fauorables pour l'aduenir, de quelle sorte de sentiment ne doit-on point estre touchée la France, en se ressouuenant seulement de cette intelligence si entiere, si fidele, si parfaite qu'en ce dernier mal-heur public

public voſtre A. R. a conſerué ſi inuiola-
blement auec noſtre grande Reyne ? Ha ! ſi
iamais quelqu'vn eſtoit ſi meſchant & malheureux, de vouloir attirer ny corrompre,
ny meſme affoiblir tant ſoit peu cette parfaite intelligence, qu'il ſçache & penſe que
c'eſt pretendre à eſbranler le fondement plus
ferme de la felicité & repos de ce Royaume, & ſi cette penſée ne peut l'arreſter, que
Dieu le perde & le confonde.

Et pour vous, Monſeigneur, que nous con-
ſiderons auec toute ſorte de reſpect, comme
le premier Prince du ſang, combien de ſour-
ces ineſpuiſables d'eſperances pour l'aduenir, & de benedictions preſentes pour cét
Eſtat, dans les perfections ſi confirmées &
reconnuës en voſtre Alteſſe ? Vne ſcience ſi
accomplie pour le gouuernement & la Politique, vne ſageſſe ſi eſclairée pour les Conſeils, vne vigilance ſi actiue pour les affaires, vne prudence ſi conſommée par l'experience, & à ces aydes ſi aſſeurées, ſi nous ioi-
gnons celles de tous les autres Princes & de
tant d'autres Seigneurs de la France, dont la
generoſité & la valeur eſt au deſſus de tous
perils : Eſt-ce point pour conclure , que

S

quand le Thrône d'vn ieune Roy eſt enui-
ronné de ces lumieres, & appuyé ſur ces
colomnes, on ne doit rien apprehender de
la foibleſſe de ſes années ? Et quand meſme
il ſeroit encore dans le berceau, & au premier poinct de ſa naiſſance, dés ce poinct
meſme on ne laiſſeroit pas de pouuoir com-
parer ſon Thrône au Soleil, *Tronus eius ſicut
Sol*, duquel on a peu dire dés le moment de
ſa premiere production, que les tenebres ne
pourroient iamais l'eſteindre, & que les plus
violentes agitations du monde, ne le feroient iamais tomber du Ciel. Ouy, mais
au fons, toutes ces conſiderations ne rap-
pelleront point dedans la vie celuy que la
mort nous a rauy, & ce cercueil l'a renfermé pour iamais. Il eſt vray ſujet de larmes.
Illic ſedimus & fleuimus. Mais auſſi la ſain-
cteté de ſa mort & l'innocence de ſa vie,
nous doit perſuader pieuſement que s'il n'eſt
plus dans ce bas monde, il eſt au Ciel, & ſi
il eſt dans le Ciel l'eſperance de ſa protection,
& protection plus puiſſante que iamais pour
la deffenſe de ſes peuples.

On peſe toutes les circonſtances de la
mort des Souuerains, & quand l'Empereur

Augufte mourut, le lieu, la chambre, la fai-
fon, le temps, l'heure, le moment de fa fin
fut remarqué, & ces remarques furent employées dedans le iugement qu'on fit de fa
perfonne & de fa fortune, & ie ne fçay
qu'elles curieufes obferuations qu'on fit deffus ces circonftances, perfuaderent plufieurs
efprits de fa grandeur : *Plerifque vana mi-
rantibus*, dit l'Autheur de fon Hiftoire. Ces
vaines obferuations feroient employées bien
inutilement en ce fujet, où il y a tant de
chofes importantes à remarquer. Ce ne fera
donc point, Meffieurs, auec vanité, mais
ce fera auec fentiment de Religion que ie
m'en vay fermer ce difcours, en remarquant
que la Prouidence de Dieu, qui a compté
& fupputé iufques aux minutes & aux mo-
mens de noftre vie, permit & difpofa que
le iour du deceds de noftre Roy, fut iufte-
ment le iour de l'Afcenfion Triomphante
du Fils de Dieu, en laquelle il monta au Ciel
enueloppé dedans vne nuée mifterieufe, qui
enfeignoit que comme la nuée ne quitte la
terre que pour le bien de la terre mefme
qu'elle abandonne, & dans le fein de laquelle pour la rendre feconde & fertile, elle re-

S ij

tombe apres quelque temps fonduë en pluye;
Ainſi le Fils de Dieu au iour de l'Aſcenſion
ne quittoit pas les fideles & ſon Egliſe, que
pour le bien meſme de ſon Egliſe & des fideles, deſſus leſquels eſtant entré au Ciel
il deuoit enuoyer la plenitude & l'abondance de ſon eſprit, les aſſiſtant & les aydan
plus puiſſamment que iamais, apres les auoir
abandonnez viſiblement. Ie ne fais poin
d'application en ce ſujet, qui ne ſoit à moi
aduis, ſelon la pieté & le bon ſens.

Ame Royale! qui ſelon les diſpoſitions d
la prouidence, fuſtes retirée de ce bas mon
de iuſtement à vn iour où l'Euangile nou
repreſente par miſtere, que quand les nuée
s'eſleuent dedans le Ciel quittant la terre, c
n'eſt qu'afin que la terre en reçoiue plus d
fecondité & de vertu. Belle nuée que la ter
re de la France a donnée au Ciel, eſtes-vou
point retournée & retombée du depuis deſ
ſus la meſme France, auec effuſion & abon
dance de benedictions. L'experience peu
inſtruire les eſprits plus aueuglés, & doi
conuaincre les eſprits plus opiniaſtres : Cha
cun entend aſſez, Meſſieurs, que ie preten
parler de l'éuenement de cette bataille &
victoir

victoire si fameuse de Rocroy, arriuée quatre ou cinq iours apres le deceds de nostre Roy. Quelle raison & argument defend de dire, qu'elle puisse estre attribuée en partie à la puissance inuincible de sa vertu ? Puisque la pieté nous fait iuger qu'il est au Ciel, & que la Religion nous oblige de croire qu'estant au Ciel, il n'y est pas sans credit enuers Dieu, ny sans puissance & volonté d'ayder ses peuples. Les Ames des iustes semblent mourir aux yeux de ceux qui portent tout leur iugement dans les yeux : Mais selon les maximes de la Foy, nous sçauons qu'elles sont recueïllies en paix dedans le sein de Dieu, & qu'elles n'y sont pas sans charité & sans vertu pour secourir ceux qu'elles ont aymé : Et d'vn Prince par consequent si aymant la France, & en estat plus que iamais de la proteger & secourir, toutes ces choses se peuuent croire. Son sang renfermé dedans les veines d'vn Prince de sa maison, le genereux Prince d'Anghien a combattu pour nous dessus la terre, & le pouuoir que ses merites ont acquis enuers Dieu, a combattu du Ciel : Tellement que le Ciel & la terre s'estans armez pour nous deffendre, nous

T

auons obtenu apres ſa mort des victoires
que ſes vertus nous auoient meritées pendant ſa vie, & les auons d'autant plus agrea-
blement obtenuës , qu'elles ſont arriuées
auec des circonſtances infiniment glorieuſes
pour la reputation du Prince qui a vaincu en la premiere fleur de ſes années, preſque
au premier eſſay de ſes armes , contre des
Ennemis enflez d'orgueil iuſques à l'excés
de l'inſolence à cauſe de noſtre affliction en
vne bataille opiniaſtrée auec tant de reſiſtance, en vn combat dont le ſuccés eſtoit
de ſi extréme conſequence , & combattant
luy-meſme en perſonne, donnant luy-meſme les ordres & les executant, eſtonnant les
plus ſages de ſa prudence, excitant les moins
hardis par l'exemple de ſon courage, cher-
chant par tout le hazard & les perils, & dedans les perils la victoire , qui n'eſt iamais
plus douce dedans les armes, que quand le
victorieux a employé ſes ſueurs , & expoſé
ſon ſang pour l'acquerir.

Conſolons nous, Meſſieurs , en ces penſées , & ces paroles, & ſur la fin de ce diſcours, abaiſſons nos penſées deſſus nous-
meſme & ce tombeau , & puis eſleuons

nos yeux au Ciel dans la confideration de
ce tombeau & de nous mefme, pour n'ou-
blier iamais la malediction de nos pechez.
Souuenons - nous de noftre perte, & apres
l'efleuation de nos yeux au Ciel, pour n'ou-
blier iamais les mifericordes de noftre Dieu.
Souuenons - nous des benedictions qu'il a
laiffées pour noftre confolation, & efperons
de fa bonté tout ce qu'il iugera eftre plus
auantageux pour noftre bien & pour fa
gloire.

F I N.